Aa

Aa

Aa

Aa

Bb

Bird

B b

B b

B b

B b

Cc

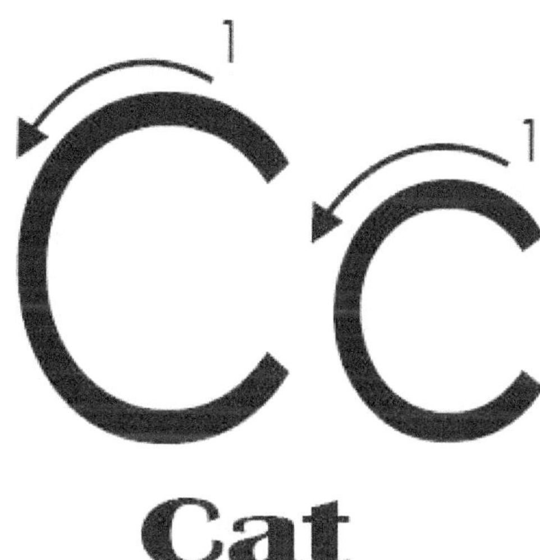

Cat

Dog

Dd

Dd

Dd

Dd

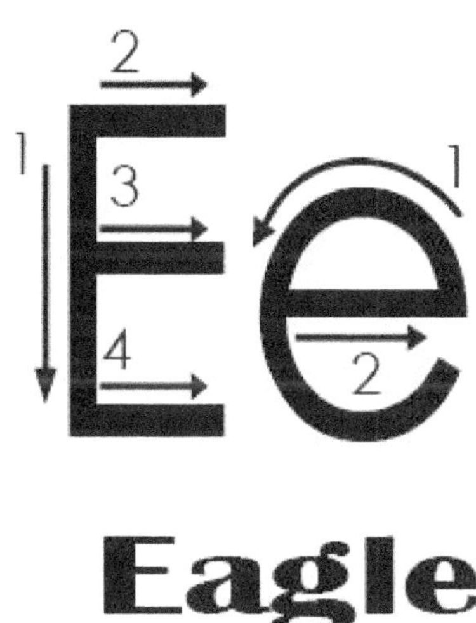

Eagle

Ee

Ee

Ee

Ee

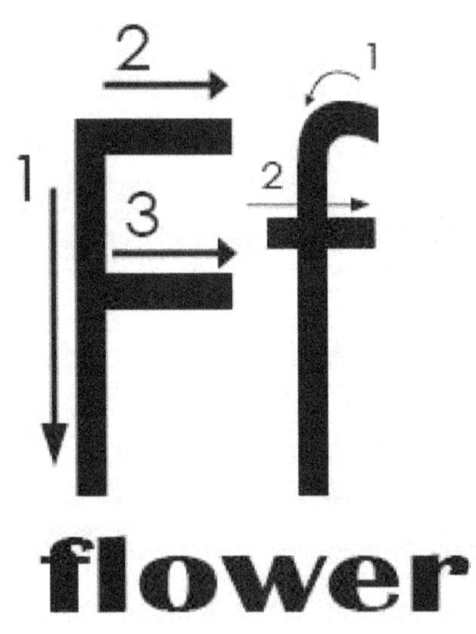

flower

Ff

Ff

Ff

Ff

giraffe

Gg

Gg

Gg

Gg

Horse

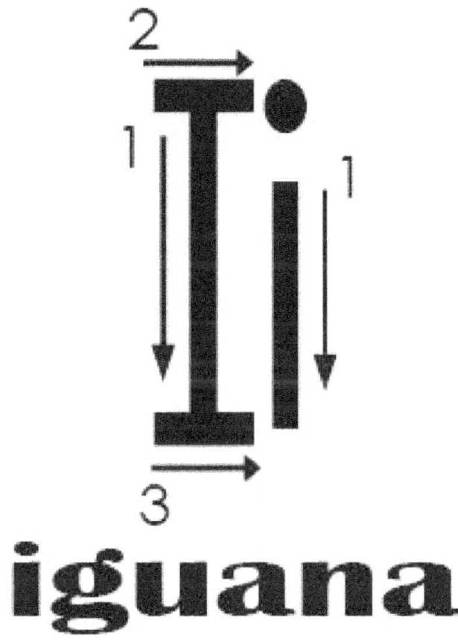

iguana

Jj

jellyfish

kangaroo

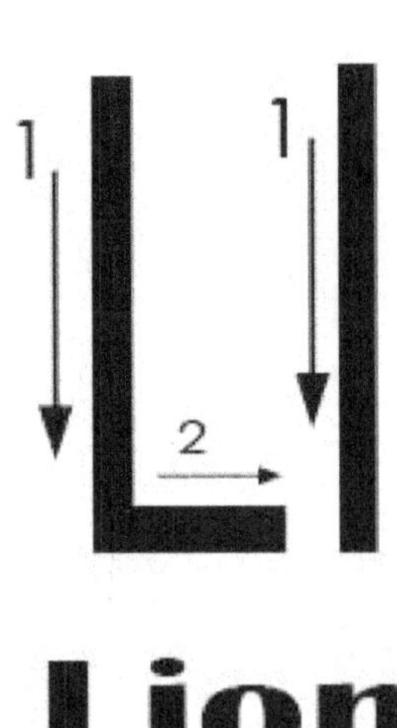

Lion

Monkey

Mm

Mm

Mm

Mm

Nn

narwhal

Oo

OWL

P p

Puffin

Quail

Qq

Qq

Qq

Qq

Rr

Raccoon

Ss

Snake

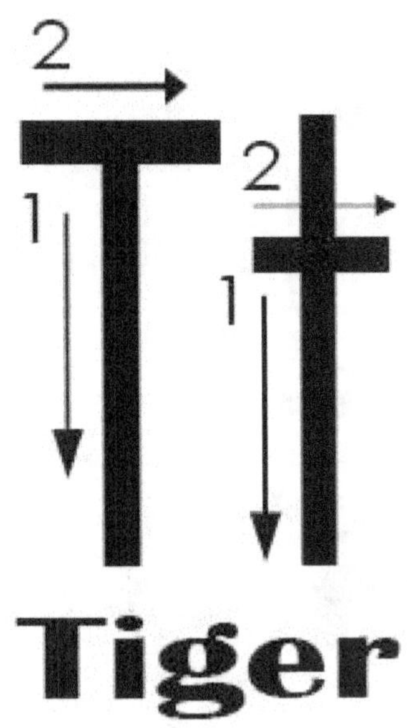

Tiger

Uu

Unicorn

vampire bat

Worm

X-ray fish

Xx

Xx

Xx

Xx

Yak

Zz

Zebra